Mi Laberinto de Emociones

Alexandra Lopez Martinez

BookLeaf
Publishing
India | USA | UK

Presentation by *BookLeaf Publishing*

Web: www.bookleafpub.com

E-mail: info@bookleafpub.com

ISBN: 9789363314436

First edition 2024

Untitled 1

Amor nunca pasa cuando es puro.
Cuando realmente te toca el pecho,
cuando te llena más el alma,
cuando simplemente ya no es una ilusión,
sino realidad.

Untitled 2

Raramente me siento abierta para decir que te
amo.
Aunque suena muy prudente,
nunca lo será para mí porque estoy a tu lado.
Eres mi algo que no quiero dejar.

Untitled 3

Cuando me escribes,
me haces sonreír.
Me dejas con suspiros el resto de la noche.
No puedo dormir sin pensar que no me
escribirás mañana.
Te echo de menos;
tengo que saber cómo te sientes.
¿Es verdad que te gusto?

Untitled 4

4

Tengo esperanza de que en algún momento me
encontraré contigo al fin,
and I'll blush looking at your smile
as I have seen it across the screen a hundred
times.
Y volveré a aterrizar estando lejos o cerca.

Untitled 5

5

¿Estoy enculada? Tal vez.
However, I live with a fear of being discarded
for who I am.
Tal vez no sea suficiente para ti,
tal vez sea una simple siguiente o una frecuente.
Pero si tengo suerte, me tendrás a mí,
a quien tener para siempre.
No sé qué sentir, no lo puedo explicar,
el estar atenta a tu mensaje o tratando de definir
qué hubiéramos sido en aquel tiempo.
Cuando me enviaste que antes tenías un "crush"
en mí,
pensé por un momento si me querías decir algo
que tus palabras no alcanzaban.

Untitled 6

6

Love is something like that.
When you don't see love coming,
you really don't know what it is.
You wonder what is happening to you,
can't handle the pressure, and you run away.
But it's really something wonderful,
just takes some time to see it.
It makes you happy,
and by endless possibilities,
surrounding the entirety of what is love.

Untitled 7

Trato de perdonar cuando yo misma sé cuánto
daño me has hecho.

...

Te quiero y sé que no es lo correcto.

...

Aunque pienso cómo hubiera sido nuestro fin si
siguiera con tu jueguito de solo ser una amiga.

Untitled 8

8

Solo ser amigos
se siente como ser impotentes de confesar
nuestros
sentimientos,
como si estuviéramos cometiendo un delito.
Un delito tan terrible que causará una tragedia al
final de
nuestro cuento.
Un cuento sin nombre,
sin definición.
Pero mi conciencia nunca cierra el ciclo.
Cometería ese delito hasta que mi alma diga "ya
no más".

Untitled 9

When I love, I love heavily.
However, when it came to you,
it was deeper than that.
I wanted to hear your voice.
I wanted you to text back.
I wanted you.
Maybe I am taking things too far,
however,
I just knew you were right for me.

Untitled 10

Yo necesito a mi Greta,
una amiga de confianza,
una amiga que esté en mis peores o mejores
momentos,
una amiga verdadera.
Porque aún sigo con una cicatriz
que siempre se abre.
¿Cuándo?
Cuando abro mi puerta tantito,
cuando digo lo que pienso,
cuando soy yo misma.

Untitled 11

I am not fond of the red pen.
I've found it to be a paradox:
the color is gorgeous, but its meaning
might not be.
The red pen breaks hearts,
hearts from math class to love letters that are
soon to carry dust.
The red pen will always be an enemy to a writer;
however, the writer should not fear it,
because it's temporary.
There isn't anything too broken to be fixed.

Untitled 12

12

No soy suficiente,
pero mis padres no pueden saberlo.
Me siento fea, pero la sociedad no lo puede
saber.
Me siento humillada, pero ningún hombre lo
debe saber.
Donde quiero existir, no puedo, porque nadie me
entenderá.

Untitled 13

Apenas me dijeron algo que no esperaba y creo
que no lo quiero.
Ya no quiero estar en este limbo de sí o no.
Y pues, sinceramente, no creo que quiera
juntarme con él.
No lo quiero como lo he querido antes,
y pues creo que no lo quiero aceptar.
Me siento mejor si no me lo pregunta.
No sé,
no creo que yo pueda quererlo como él quiere
que yo lo quiera.
Hoy me di cuenta de golpe que ya no quiero
seguir así.
Siempre lo voy a querer, pero no enamorada,
enamorada.
Para aprovechar sorpresas.

Untitled 14

Sabes, ella lo esperó.
Ella tuvo la oportunidad que yo siempre la tenía
sobre hielo frágil.
Tal vez cambiando, me escogería a mí.
Igual, ya no es significativo porque ya no le
importo.
Cuando alguien te ha descartado, ya no vuelve a
ser lo mismo.

Untitled 15

Te quise cuando nadie estuvo para ti,
cuando no necesitaba otra alma
para preocuparme,
para sentir.
Me diste un tiempo temporal
para conocerte más.
Luego, luego descubrí que no valías la pena.
Al final,
te di mi mano y me agarraste el codo.

Untitled 16

Debe haber algo en el agua,
porque cada día se está haciendo más fría.

Untitled 17

Estoy completamente
enamorada de ti.
Me siento ciega en ilusiones.
Tengo muchas mariposas que no puedo controlar
con solo recordarme de ti.
Mis ojos comienzan a brillar.

Untitled 18

No te quiero dejar ir,
pero te quiero demasiado
y no te quiero rogar,
porque sé que volverás.
Como dicen, siempre regresan a donde te
quisieron.
Es verdad, sí lo sentí,
sentí tu amor.
Perdidamente estoy sin tu presencia.

Untitled 19

¿Estás bien?
Una pregunta que no
puedo contestar con la verdad.
Sí lo estoy,
muy en el fondo.
Aunque mi alma esté destrozada, sigo sonriendo.

Untitled 20

Es tan fácil
descubrir las faltas de los demás,
pero uno sigue escuchando.
¿Por qué no seguir?
¿Por qué no aceptar?
¿Por qué no arriesgar?
¿Por qué no cambiar por uno mismo?
Entonces,
a la persona que leyó esto,
sigue caminando,
aunque duela.

Untitled 21

Mi gran amor,
me involucré en mis fuertes sentimientos.
Te encontré en mis mejores momentos,
simplemente me enamoré.
Te daría mi mundo entero,
recorrería el universo
para volver a verte otra vez.

Reconocí tu hermosura,
de lejos te miré brillar.
Eres mi estrella fugaz
que deseo cada día conocer.
Tu luz me atrae cada amanecer,
me recuerda lo bonito que me haces sentir.

Eres mi esperanza,
mi aspiración.
Solo me imagino contigo y nadie más.
Te juro que repetiría lo nuestro sin parar.
Eres la persona que me hace completo,
eres mi gran amor.